WindsScore

FULL SCORE

【参考音源CD付】 CBJ-0025
吹奏楽譜＜合唱と吹奏楽＞

JN129485

合唱と吹奏楽

パプリカ

〔2部合唱＋吹奏楽〕

作詞・作曲：米津玄師　編曲：郷間幹男

楽器編成表

Flute
(Piccolo)
**Oboe*
**Bassoon*
B♭ Clarinet 1
B♭ Clarinet 2
**B♭ Clarinet 3*
Bass Clarinet
Alto Saxophone 1
**Alto Saxophone 2*
Tenor Saxophone
Baritone Saxophone

B♭ Trumpet 1
B♭ Trumpet 2
F Horn 1
F Horn 2
Trombone 1
Trombone 2
Euphonium
Tuba
Electric Bass
(String Bass)〈パート譜のみ〉

Drums
**Timpani*
Percussion 1
… Wind Chime, **Shaker*, Cabasa
Percussion 2
… Glockenspiel, Xylophone, Wind Chime

Chorus Score×4
… Chorus 1, Chorus 2, Piano

Full Score

*イタリック表記の楽譜はオプション

合唱と吹奏楽

パプリカ

■曲目解説

　オーディションで選ばれた５人の小学生ユニットが歌っている楽曲。この曲を聴いた子どもたちに希望を届けたいという思いで作曲された、元気いっぱいのサウンドが魅力の一曲です。今回は、そんな『パプリカ』を、吹奏楽の伴奏と合唱で演奏できるようにアレンジしました。吹奏楽の豊かなサウンドと合唱が重なり、華やかなコンサートシーンを演出。振付のある楽曲なので、ダンスなどの演出を加えて楽しいステージを作ってみましょう♪

■編曲者プロフィール / 郷間幹男　Mikio Gohma

　中学よりトロンボーンを始め、大学在学中に「YAMAHA T･M･F」全国大会優勝・グランプリ受賞。

　1997年、ファンハウス(現ソニー・ミュージックレーベルズ)よりサックス・プレイヤーとしてメジャーデビュー。デビューシングル『GIVE　YOU』は、フジTV系「平成教育委員会」エンディングテーマ、サークルK　CMテーマ曲になり、オリコンチャートや、全国各地のFMチャート上位を独占。その他にも日本コカ・コーラ社のオリンピック・タイアップ曲や、フジTV系「発掘あるある大辞典II」などのBGMを演奏。

　芸能活動を続けながらも吹奏楽指導や作・編曲など、吹奏楽活動も積極的に続け、中でもブラス・アレンジにはかなりの定評がある。

　これまでの経験を活かし株式会社ウィンズスコアを設立、代表取締役社長に就任。現在、社長業の傍ら全国の吹奏楽トップバンドへの編曲や指導なども行っており、その実力からコンクール、アンサンブルコンテストの審査員も務める。

　主な作品に、『コンサートマーチ「虹色の未来へ」』(2018年度全日本吹奏楽コンクール課題曲)等がある。

WindsScore
Spielen Musik.

合唱と吹奏楽

パプリカ

米津玄師 作曲
郷間幹男 編曲

9
B
Fl.
Fl. (Picc.)
*Ob.
*Bsn.
Cl.1
Cl.2
*Cl.3
B.Cl.
A.Sax.1
*A.Sax.2
T.Sax.
B.Sax.
Cho.1
そ び ま わ り ひ ざ し の ま ち だ れ か が よ ん で い る な つ
が く る か げ が た つ あ な た
こ び を か ぞ え た ら あ な た
Cho.2
そ び ま わ り ひ ざ し の ま ち だ れ か が よ ん で い る な つ
が く る か げ が た つ あ な た に あ
こ び を か ぞ え た ら あ な た で い
Trp.1
Trp.2
Hrn.1
Hrn.2
Trb.1
Trb.2
Euph.
Tub.
B♭ F/A Gm F E♭ F B♭ Gm Dm E♭ B♭ E♭ F F7/E♭
E.B.
Drms.
*Timp.
Perc.1 (W.Chime)
W.Chime
Shaker(Cab.)
Xylo.(w/soft mallet)
Glock.
Perc.2 (Glock.)
Pno.

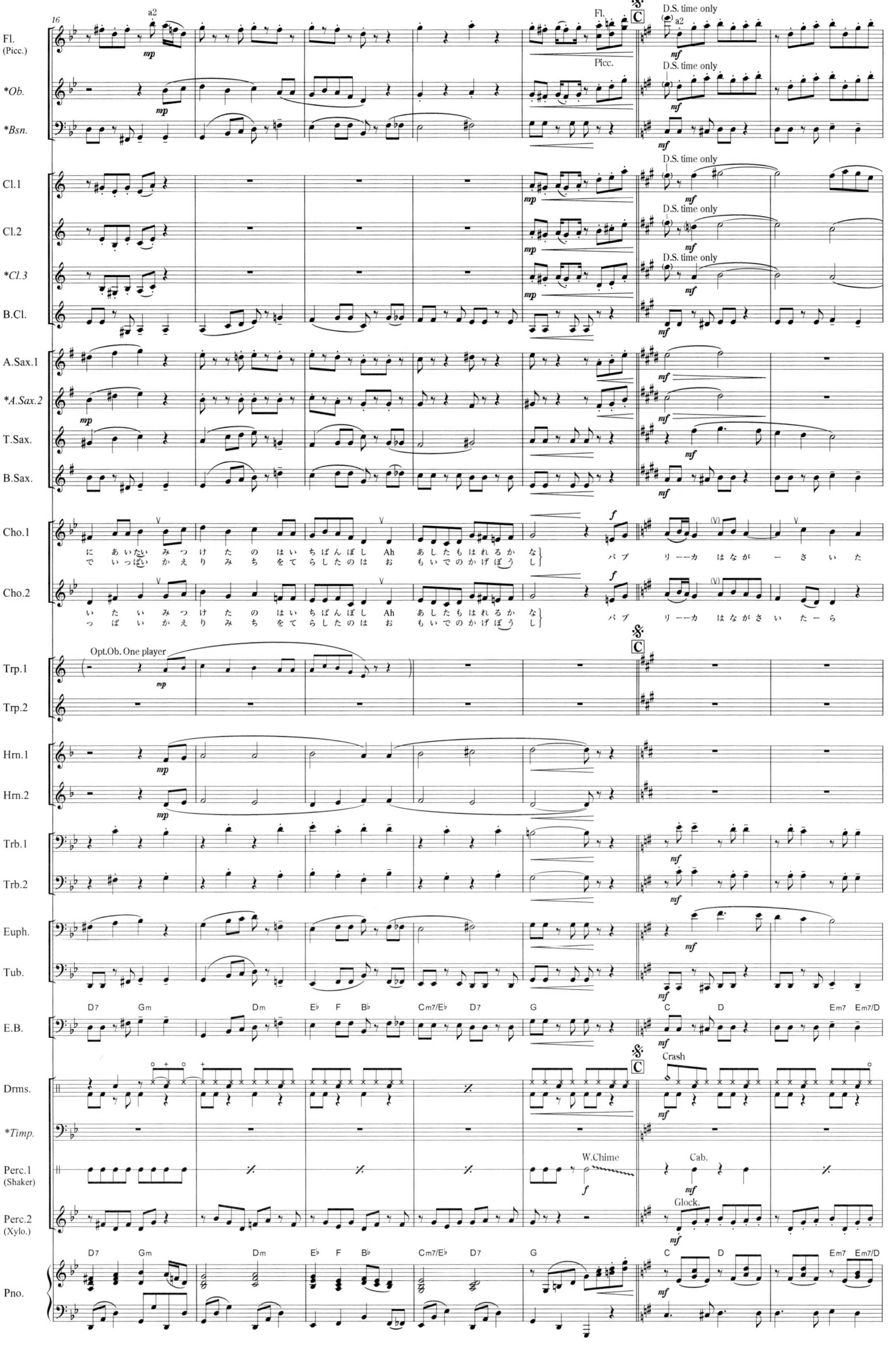
16
Fl. (Picc.)
*Ob.
*Bsn.
Cl.1
Cl.2
*Cl.3
B.Cl.
A.Sax.1
*A.Sax.2
T.Sax.
B.Sax.
Cho.1
Cho.2
Trp.1
Trp.2
Hrn.1
Hrn.2
Trb.1
Trb.2
Euph.
Tub.
E.B.
Drms.
*Timp.
Perc.1 (Shaker)
Perc.2 (Xylo.)
Pno.
a2
Fl.
Picc.
C
D.S. time only
Opt.Ob. One player
W.Chime
Crash
Cab.
Glock.
に あ いたい み つ け た の は い ち ば ん ぼ し Ah あ し た も は れ る か な
で い っぱい か え り み ち を て ら し た の は お も い で の か げ ぼう し
パ プ リ ーーカ は な が ー さ い た
い た い み つ け た の は い ち ば ん ぼ し Ah あ し た も は れ る か な
っ ぱ い か え り み ち を て ら し た の は お も い で の か げ ぼう し
パ プ リ ーーカ は な が さ い た ー ら
D7 Gm Dm E♭ F B♭ Cm7/E♭ D7 G C D Em7 Em7/D

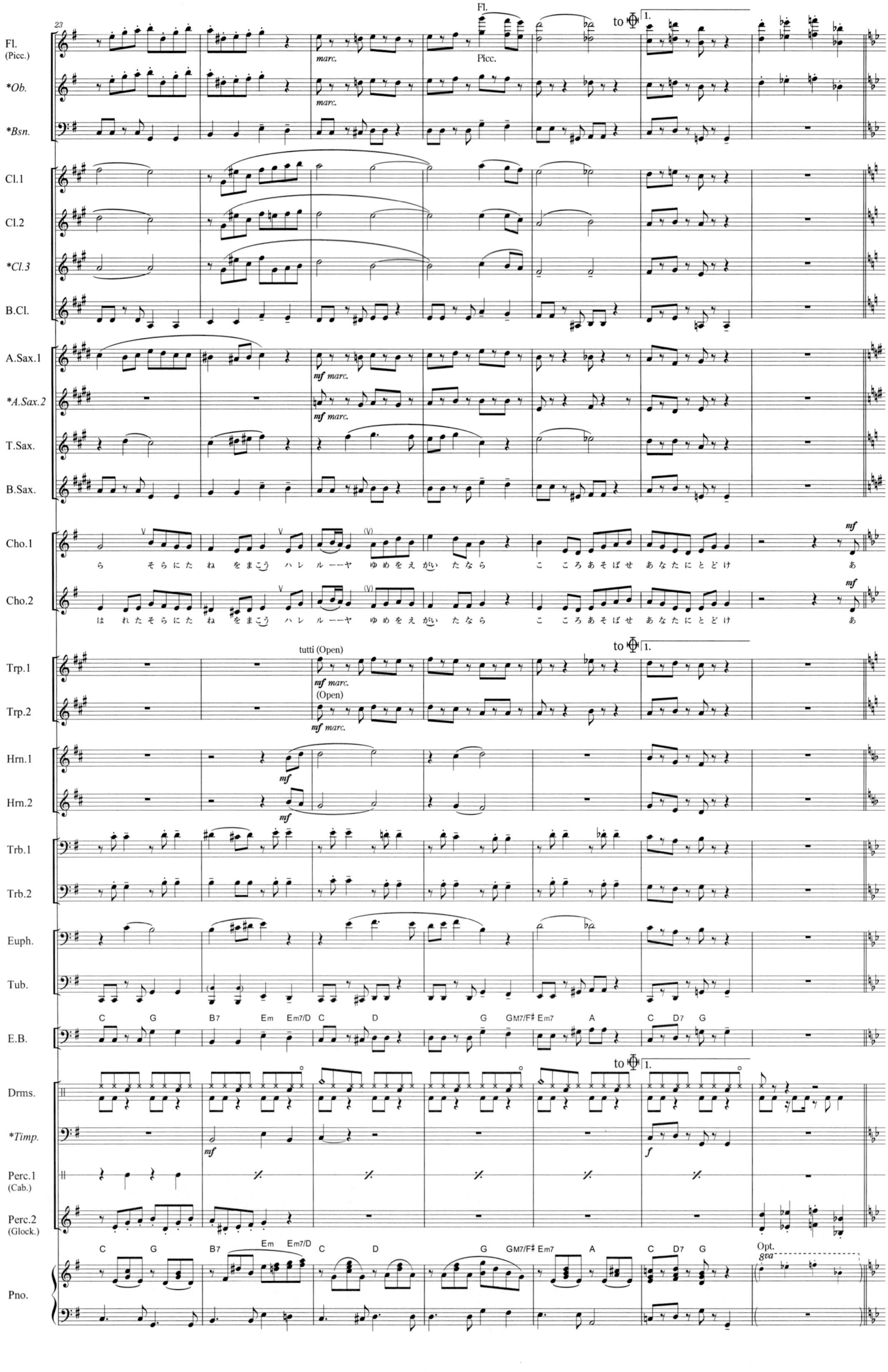
23
Fl. (Picc.)
*Ob.
*Bsn.
Cl.1
Cl.2
*Cl.3
B.Cl.
A.Sax.1
*A.Sax.2
T.Sax.
B.Sax.
Cho.1
Cho.2
Trp.1
Trp.2
Hrn.1
Hrn.2
Trb.1
Trb.2
Euph.
Tub.
E.B.
Drms.
*Timp.
Perc.1 (Cab.)
Perc.2 (Glock.)
Pno.
Fl.
Picc.
marc.
mf marc.
to Φ 1.
ら　そらにたね　をまこう　ハレ　ルーーヤ　ゆめをえがいたなら　こころあそばせ　あなたにとどけ　あ
はれたそらにたね　をまこう　ハレ　ルーーヤ　ゆめをえがいたなら　こころあそばせ　あなたにとどけ　あ
tutti (Open)
(Open)
mf
f
C　G　B7　Em　Em7/D　C　D　G　GM7/F♯　Em7　A　C　D7　G
Opt.
8va

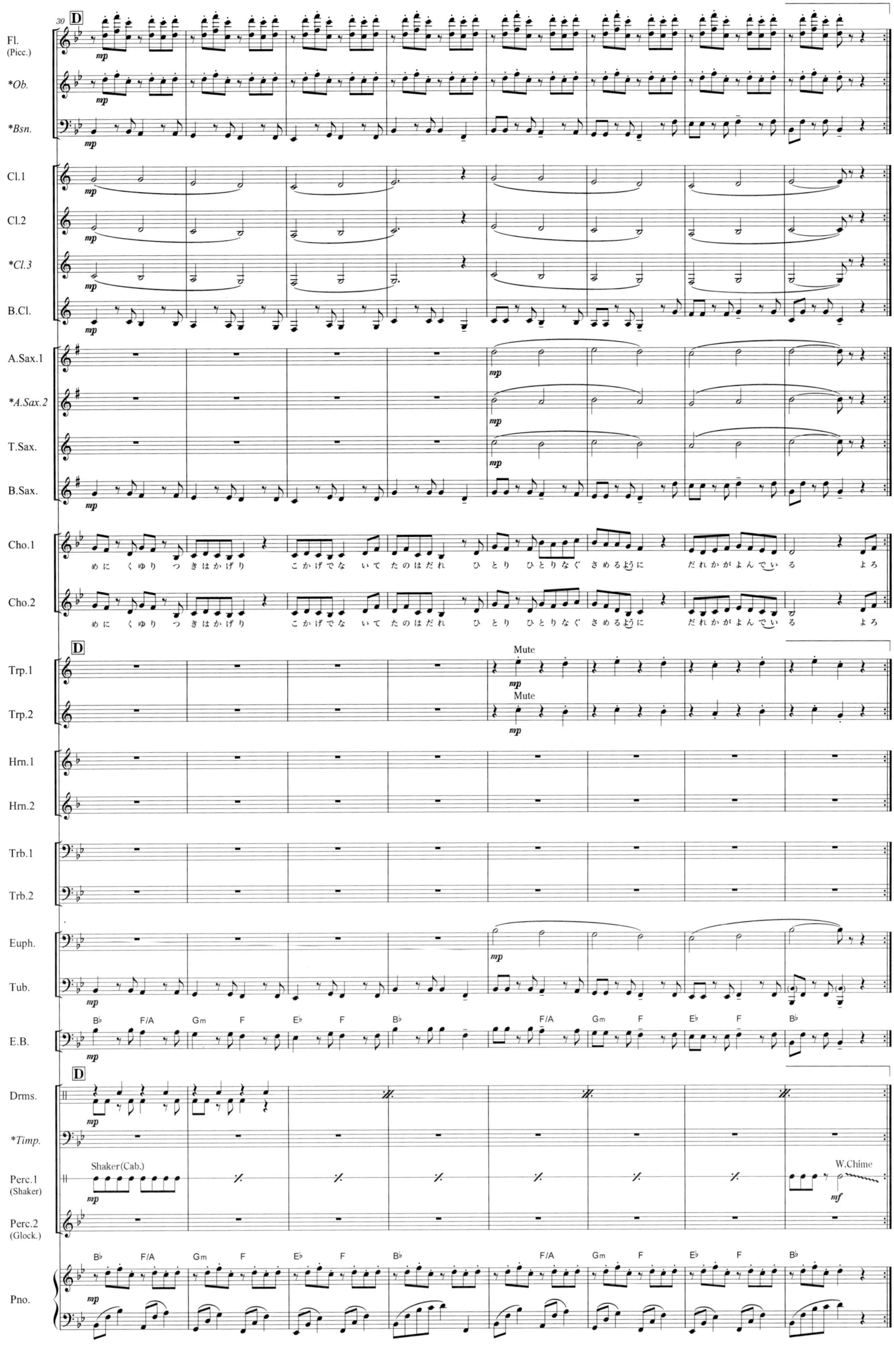
30
D
Fl. (Picc.)
*Ob.
*Bsn.
Cl.1
Cl.2
*Cl.3
B.Cl.
A.Sax.1
*A.Sax.2
T.Sax.
B.Sax.
Cho.1
めに くゆり つきはかげり こかげでな いて たのはだれ ひとり ひとりなぐ さめるように だれかがよんでいる よろ
Cho.2
めに くゆり つきはかげり こかげでな いて たのはだれ ひとり ひとりなぐ さめるように だれかがよんでいる よろ
Trp.1
Mute
Trp.2
Mute
Hrn.1
Hrn.2
Trb.1
Trb.2
Euph.
Tub.
E.B.
B♭ F/A Gm F E♭ F B♭ F/A Gm F E♭ F B♭
Drms.
*Timp.
Perc.1 (Shaker)
Shaker(Cab.)
W.Chime
Perc.2 (Glock.)
Pno.
B♭ F/A Gm F E♭ F B♭ F/A Gm F E♭ F B♭

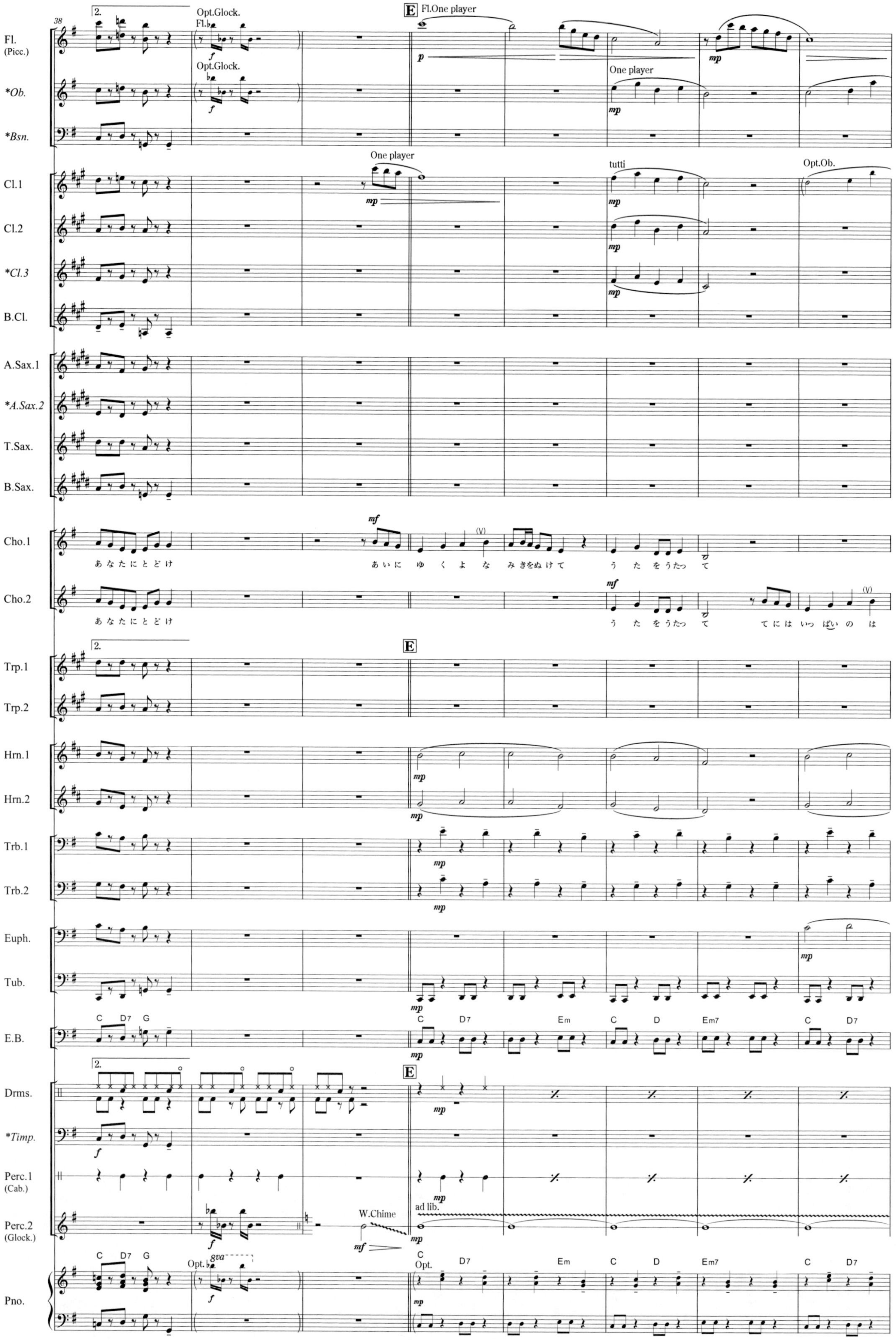
38
2.
Opt.Glock.
Fl.
E
Fl.One player
One player
tutti
Opt.Ob.
Fl.
(Picc.)
*Ob.
*Bsn.
Cl.1
Cl.2
*Cl.3
B.Cl.
A.Sax.1
*A.Sax.2
T.Sax.
B.Sax.
Cho.1
あなたにとどけ
あいに ゆ く よ な みきをぬけて
う た をうたっ て
Cho.2
あなたにとどけ
う た をうたっ て
てには いっ ぱい の は
Trp.1
Trp.2
Hrn.1
Hrn.2
Trb.1
Trb.2
Euph.
Tub.
E.B.
C D7 G
C D7 Em C D Em7 C D7
Drms.
*Timp.
Perc.1
(Cab.)
Perc.2
(Glock.)
W.Chime
ad lib.
Pno.
Opt.
8va
C
Opt.

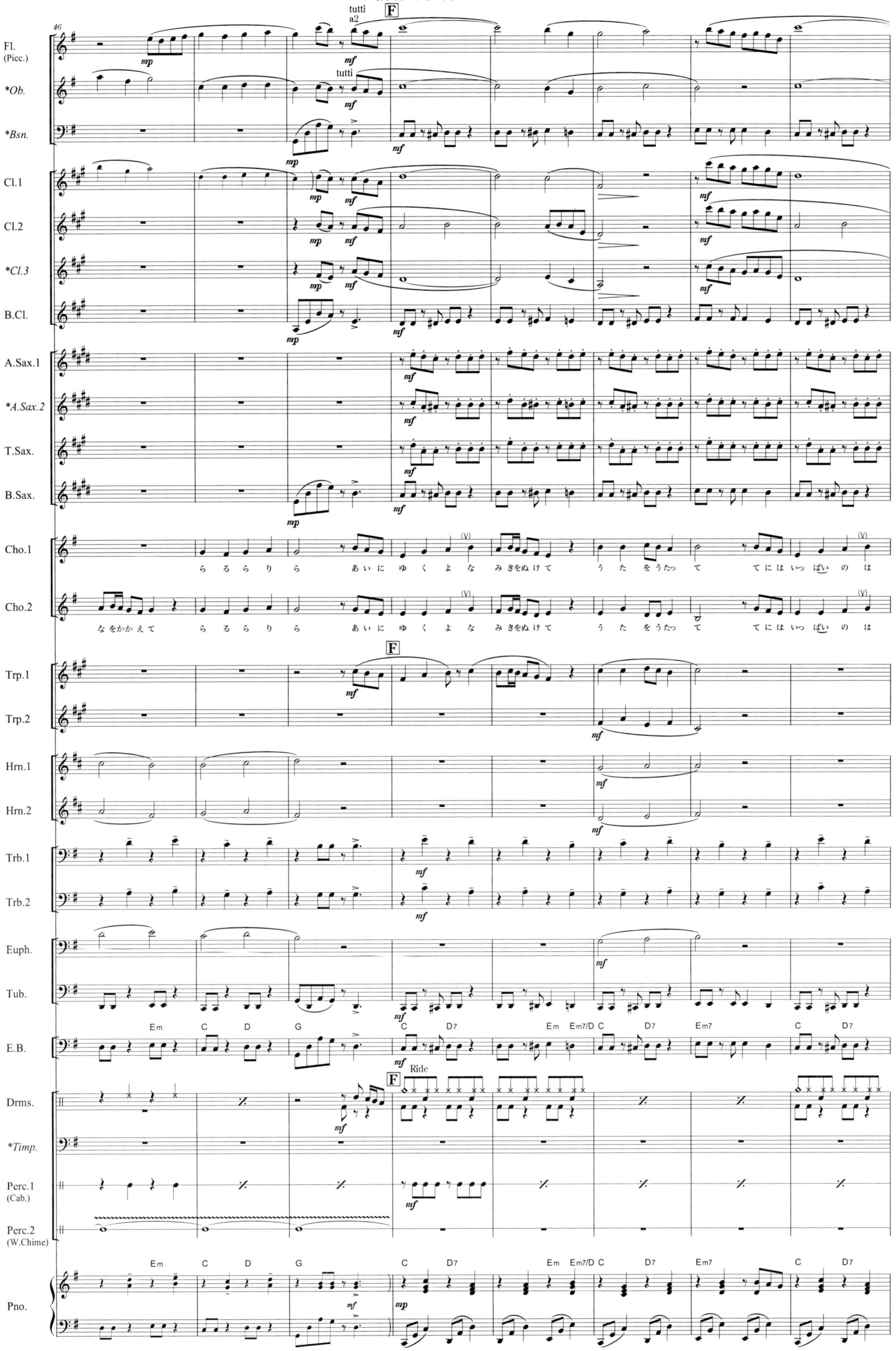
46
tutti
a2
F
Fl.
(Picc.)
*Ob.
*Bsn.
Cl.1
Cl.2
*Cl.3
B.Cl.
A.Sax.1
*A.Sax.2
T.Sax.
B.Sax.
Cho.1
らるらりら あいにゆくよな みきをぬけて うたをうたって てにはいっぱいのは
Cho.2
なをかかえて らるらりら あいにゆくよな みきをぬけて うたをうたって てにはいっぱいのは
Trp.1
Trp.2
Hrn.1
Hrn.2
Trb.1
Trb.2
Euph.
Tub.
E.B.
Em C D G C D7 Em Em7/D C D7 Em7 C D7
Drms.
Ride
*Timp.
Perc.1
(Cab.)
Perc.2
(W.Chime)
Pno.
Em C D G C D7 Em Em7/D C D7 Em7 C D7

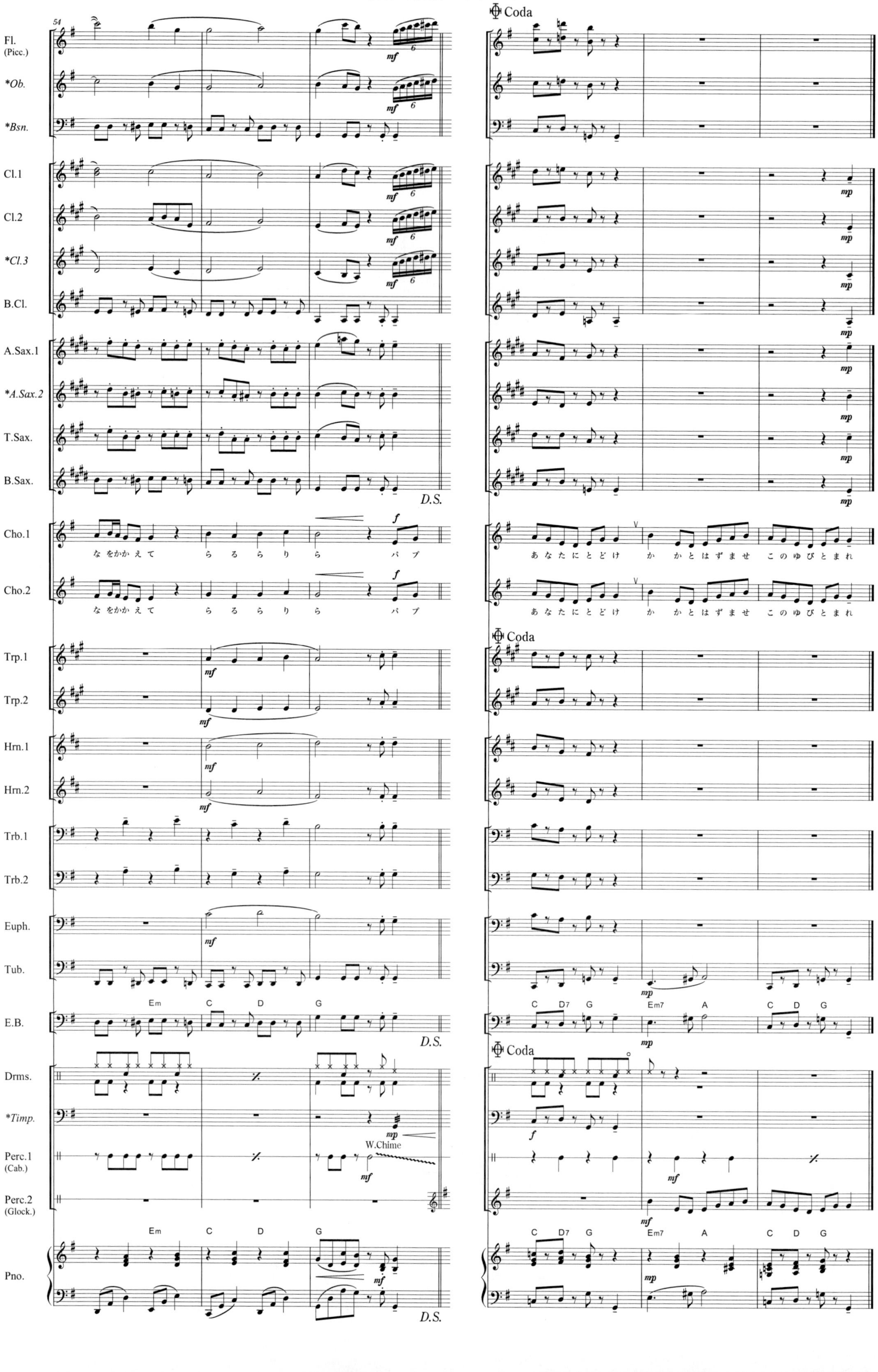
54
Coda
Fl. (Picc.)
*Ob.
*Bsn.
Cl.1
Cl.2
*Cl.3
B.Cl.
A.Sax.1
*A.Sax.2
T.Sax.
B.Sax.
D.S.
Cho.1
なをかかえて　らるらりら　パプ
あなたにとどけ　かかとはずませ　このゆびとまれ
Cho.2
なをかかえて　らるらりら　パプ
あなたにとどけ　かかとはずませ　このゆびとまれ
Coda
Trp.1
Trp.2
Hrn.1
Hrn.2
Trb.1
Trb.2
Euph.
Tub.
Em　C　D　G
C　D7　G　Em7　A　C　D　G
E.B.
D.S.
Coda
Drms.
*Timp.
W.Chime
Perc.1 (Cab.)
Perc.2 (Glock.)
Em　C　D　G
C　D7　G　Em7　A　C　D　G
Pno.
D.S.

WindsScore

ご注文について

ウィンズスコアの商品は全国の楽器店、ならびに書店にてお求めになれますが、店頭でのご購入が困難な場合、当社WEBサイト・電話からのご注文で、直接ご購入が可能です。

◎当社WEBサイトでのご注文方法

http://www.winds-score.com

上記のURLへアクセスし、WEBショップにてご注文ください。

◎お電話でのご注文方法

TEL.0120-713-771

営業時間内に電話いただければ、電話にてご注文を承ります。

合唱と吹奏楽

パプリカ

作詞・作曲：米津玄師　編曲：郷間幹男

曲りくねり　はしゃいだ道
青葉の森で駆《か》け回る
遊びまわり　日差しの街
誰かが呼んでいる

夏が来る　影が立つ　あなたに会いたい
見つけたのはいちばん星
明日《あした》も晴れるかな

パプリカ　花が咲いたら
晴れた空に種を蒔《ま》こう
ハレルヤ　夢を描《えが》いたなら
心遊ばせあなたにとどけ

雨に燻《くゆ》り　月は陰《かげ》り
木陰《こかげ》で泣いてたのは誰
一人一人　慰《なぐさ》めるように
誰かが呼んでいる

喜びを数えたら　あなたでいっぱい
帰り道を照らしたのは
思い出のかげぼうし

パプリカ　花が咲いたら
晴れた空に種を蒔《ま》こう
ハレルヤ　夢を描《えが》いたなら
心遊ばせあなたにとどけ

会いに行くよ　並木を抜けて
歌を歌って
手にはいっぱいの　花を抱えて
らるらりら

パプリカ　花が咲いたら
晴れた空に種を蒔《ま》こう
ハレルヤ　夢を描《えが》いたなら
心遊ばせあなたにとどけ
かかと弾ませこの指とまれ

合唱と吹奏楽

パプリカ

米津玄師 作曲
郷間幹男 編曲

11
mf
B
(V)
だれかがよんでいる　なつ　がくるかげがたつ
こびをかぞえたら
だれかがよんでいる　なつ　がくるかげがたつ
こびをかぞえたら
E♭　F　B♭
B　Gm　Dm　E♭　B♭
mp
15
V
あなたにあいたい　みつけたのはいちばんぼし　Ah
あなたでいっぱい　かえりみちをてらしたのは　お
あなたにあいたい　みつけたのはいちばんぼし　Ah
あなたでいっぱい　かえりみちをてらしたのは　お
E♭　F　F7/E♭　D7　Gm　Dm　E♭　F　B♭
19
f
C
あしたもはれるかな
もいでのかげぼうし
パプ　リーーカ　はなが　ー　さいた
あしたもはれるかな
もいでのかげぼうし
パプ　リーーカ　はながさい　たーら
Cm7/E♭　D7　G
C　C　D　Em7　Em7/D
mf

23
ら　そらにた　ね　をまこう　ハレ　ルーーヤ　ゆめをえがい　たなら
は　れたそらにた　ね　をまこう　ハレ　ルーーヤ　ゆめをえがい　たなら
C　G　B7　Em　Em7/D　C　D　G　GM7/F♯
27
to　1.
mf　D
こころあそばせ　あなたにとどけ　あ　めに　くゆり　つ
こころあそばせ　あなたにとどけ　あ　めに　くゆり　つ
Em7　A　C　D7　G
Opt.
8va
B♭　F/A
mp
31
きはかげり　こかげでな　いてたのはだれ　ひとり　ひとりなぐ
きはかげり　こかげでな　いてたのはだれ　ひとり　ひとりなぐ
Gm　F　E♭　F　B♭　F/A

35
2.
さめるように　だれかがよんでいる　よろ　あなたにとどけ
さめるように　だれかがよんでいる　よろ　あなたにとどけ
Gm　F　E♭　F　B♭
2.　C　D7　G
39
mf
E
(V)
あいにゆくよ　な　みきをぬけて　うたをうたっ
mf
うたをうたっ
Opt.　8va
f
E　C
Opt.
D7　Em　C　D
mp
44
て　らるらり
(V)
て　てにはいっぱいのは　なをかかえて　らるらり
Em7　C　D7　Em　C　D

48
F
(V)
ら　あ い に　ゆ く よ な　み きをぬ け て　う た を う たっ
(V)
ら　あ い に　ゆ く よ な　み きをぬ け て　う た を う たっ
G
F
C　D7　Em　Em7/D　C　D7
mf
mp
52
(V)
て　て に は　いっ ぱい の は　な をかか え て　ら る ら り
(V)
て　て に は　いっ ぱい の は　な をかか え て　ら る ら り
Em7　C　D7　Em　C　D
56
f
ら　パ プ
f
ら　パ プ
D.S.
G
mf
D.S.
Coda
V
あ な た に と ど け　か　か と は ず ま せ　こ の ゆ び と ま れ
V
あ な た に と ど け　か　か と は ず ま せ　こ の ゆ び と ま れ
Coda
C　D7　G　Em7　A　C　D　G
mp

合唱と吹奏楽

パプリカ

作詞・作曲：米津玄師　編曲：郷間幹男

曲りくねり　はしゃいだ道
青葉の森で駆《か》け回る
遊びまわり　日差しの街
誰かが呼んでいる

夏が来る　影が立つ　あなたに会いたい
見つけたのはいちばん星
明日《あした》も晴れるかな

パプリカ　花が咲いたら
晴れた空に種を蒔《ま》こう
ハレルヤ　夢を描《えが》いたなら
心遊ばせあなたにとどけ

雨に燻《くゆ》り　月は陰《かげ》り
木陰《こかげ》で泣いてたのは誰
一人一人　慰《なぐさ》めるように
誰かが呼んでいる

喜びを数えたら　あなたでいっぱい
帰り道を照らしたのは
思い出のかげぼうし

パプリカ　花が咲いたら
晴れた空に種を蒔《ま》こう
ハレルヤ　夢を描《えが》いたなら
心遊ばせあなたにとどけ

会いに行くよ　並木を抜けて
歌を歌って
手にはいっぱいの　花を抱えて
らるらりら

パプリカ　花が咲いたら
晴れた空に種を蒔《ま》こう
ハレルヤ　夢を描《えが》いたなら
心遊ばせあなたにとどけ
かかと弾ませこの指とまれ

WindsScore
Spielen Musik.

合唱と吹奏楽

パプリカ

米津玄師　作曲
郷間幹男　編曲

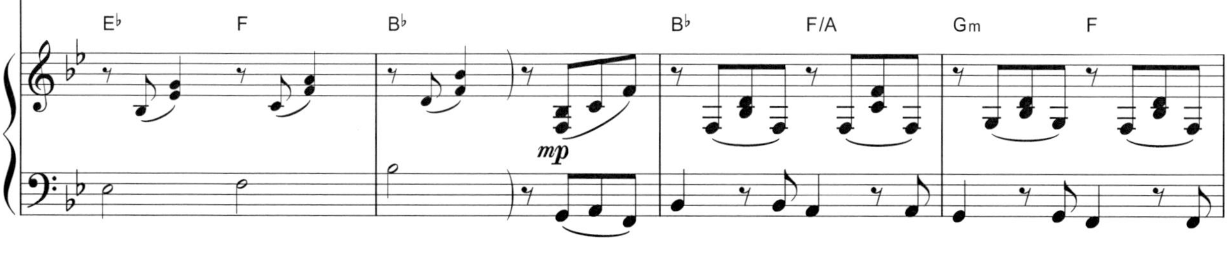

11
mf
B
(V)
だれかがよんでいる　なつ　が　く　る　かげ　が　た　つ
こ　び　を　か　ぞ　え　た　ら
mf
(V)
だれかがよんでいる　なつ　が　く　る　かげ　が　た　つ
こ　び　を　か　ぞ　え　た　ら
E♭　F　B♭
B
Gm　Dm　E♭　B♭
mp
15
V
あなた　に　あいたい　み　つ　け　た　の　はい　ちばんぼし　Ah
あなた　で　いっぱい　かえ　り　み　ち　をて　らしたのは　お
V
あなた　にあ　い　た　い　み　つ　け　た　の　はい　ちばんぼし　Ah
あなた　でい　っ　ぱ　い　か　え　り　み　ち　をて　らしたのは　お
E♭　F　F7/E♭　D7　Gm　Dm　E♭　F　B♭
19
f
C
(V)
V
あしたもはれるかな
もいでのかげぼうし
パプ　リーーカ　はなが　ー　さ　い　た
f
(V)
あしたもはれるかな
もいでのかげぼうし
パプ　リーーカ　はながさ　い　たーら
C
Cm7/E♭　D7　G　C　D　Em7　Em7/D
mf

23
ら　そらにた　ね　をまこう　ハレ　ルーーヤ　ゆめをえがい　たなら
は　れたそらにた　ね　をまこう　ハレ　ルーーヤ　ゆめをえがい　たなら
C　G　B7　Em　Em7/D　C　D　G　GM7/F♯

27
to Φ
1.
mf
D
こころあそばせ　あなたにとどけ　あ　めに　くゆり　つ
こころあそばせ　あなたにとどけ　あ　めに　くゆり　つ
Em7　A　C　D7　G
Opt.
8va
B♭　F/A
mp

31
きはかげり　こかげでな　いて　たのはだれ　ひとり　ひとりなぐ
きはかげり　こかげでな　いて　たのはだれ　ひとり　ひとりなぐ
Gm　F　E♭　F　B♭　F/A

35
2.
さ め る よ う に　だ れ か が よ ん で い る　よ ろ　あ な た に と ど け
さ め る よ う に　だ れ か が よ ん で い る　よ ろ　あ な た に と ど け
Gm　F　E♭　F　B♭　C　D7　G
39
mf
E
(V)
あ い に　ゆ　く　よ　な　み きをぬ け て　う　た　を うたっ
mf
う　た　を うたっ
Opt. 8va
f
E C
Opt.
D7　Em　C　D
mp
44
て　ら　る　ら　り
(V)
て　て に は　いっ　ぱい　の　は　な をかか え て　ら　る　ら　り
Em7　C　D7　Em　C　D

48
F
(V)
ら　あいにゆくよな　みきをぬけて　うたをうたっ
ら　あいにゆくよな　みきをぬけて　うたをうたっ
G
F C D7 Em Em7/D C D7
mf
mp
52
(V)
て　てにはいっぱいのはなをかかえて　らるらり
て　てにはいっぱいのはなをかかえて　らるらり
Em7 C D7 Em C D
56
f
ら　パプ
ら　パプ
D.S.
G
mf
D.S.
Coda
V
あなたにとどけ　かかとはずませ　このゆびとまれ
あなたにとどけ　かかとはずませ　このゆびとまれ
Coda
C D7 G Em7 A C D G
mp

合唱と吹奏楽

パプリカ

作詞・作曲：米津玄師　編曲：郷間幹男

曲りくねり　はしゃいだ道
青葉の森で駆《か》け回る
遊びまわり　日差しの街
誰かが呼んでいる

夏が来る　影が立つ　あなたに会いたい
見つけたのはいちばん星
明日《あした》も晴れるかな

パプリカ　花が咲いたら
晴れた空に種を蒔《ま》こう
ハレルヤ　夢を描《えが》いたなら
心遊ばせあなたにとどけ

雨に燻《くゆ》り　月は陰《かげ》り
木陰《こかげ》で泣いてたのは誰
一人一人　慰《なぐさ》めるように
誰かが呼んでいる

喜びを数えたら　あなたでいっぱい
帰り道を照らしたのは
思い出のかげぼうし

パプリカ　花が咲いたら
晴れた空に種を蒔《ま》こう
ハレルヤ　夢を描《えが》いたなら
心遊ばせあなたにとどけ

会いに行くよ　並木を抜けて
歌を歌って
手にはいっぱいの　花を抱えて
らるらりら

パプリカ　花が咲いたら
晴れた空に種を蒔《ま》こう
ハレルヤ　夢を描《えが》いたなら
心遊ばせあなたにとどけ
かかと弾ませこの指とまれ

合唱と吹奏楽

パプリカ

米津玄師　作曲
郷間幹男　編曲

11
mf
B
だれかがよんでいる　なつ　が　く　る　かげ　が　た　つ
こ　び　を　かぞ　え　た　ら
E♭ F B♭ Gm Dm E♭ B♭
mp
15
あなたにあいたいみつけたのはいちばんぼし Ah
あなたでいっぱいかえりみちをてらしたのはお
E♭ F F7/E♭ D7 Gm Dm E♭ F B♭
19
あしたもはれるかな
もいでのかげぼうし
f
C
パプ　リーーカ　はなが　ー　さ　い　た
パプ　リーーカ　はながさ　い　たーら
Cm7/E♭ D7 G C D Em7 Em7/D
mf

23
ら そらにた ね をまこう ハレ ルーーヤ ゆめをえがい たなら
は れたそらにた ね をまこう ハレ ルーーヤ ゆめをえがい たなら
C G B7 Em Em7/D C D G GM7/F♯
27
to Φ 1.
mf D
こ ころあそばせ あなたにとどけ あ めに くゆり つ
mf
こ ころあそばせ あなたにとどけ あ めに くゆり つ
Em7 A to Φ 1. C D7 G Opt. 8va D B♭ F/A
mp
31
きはかげり こかげでな いて たのはだれ ひ とり ひとりなぐ
きはかげり こかげでな いて たのはだれ ひ とり ひとりなぐ
Gm F E♭ F B♭ F/A

35
さめるように
だれかがよんでいる
よろ
2.
あなたにとどけ
さめるように
だれかがよんでいる
よろ
あなたにとどけ
Gm F E♭ F B♭
2.
C D7 G
39
mf
E
あいにゆくよな
みきをぬけて
うたをうたっ
mf
うたをうたっ
Opt. 8va
f
E C
Opt.
D7 Em C D
mp
44
て
らるらり
て
てにはいっぱいの
はなをかかえて
らるらり
Em7 C D7 Em C D

48
F
(V)
ら あいにゆくよな みきをぬけて うたをうたっ
ら あいにゆくよな みきをぬけて うたをうたっ
G C D7 Em Em7/D C D7
mf
mp
52
(V)
て てにはいっぱいの はなをかかえて らるらり
て てにはいっぱいの はなをかかえて らるらり
Em7 C D7 Em C D
56
f
ら パプ
ら パプ
D.S.
G
mf
D.S.
Coda
V
あなたにとどけ かかとはずませ このゆびとまれ
あなたにとどけ かかとはずませ このゆびとまれ
Coda
C D7 G Em7 A C D G
mp

合唱と吹奏楽

パプリカ

作詞・作曲：米津玄師　編曲：郷間幹男

曲りくねり　はしゃいだ道
青葉の森で駆《か》け回る
遊びまわり　日差しの街
誰かが呼んでいる

夏が来る　影が立つ　あなたに会いたい
見つけたのはいちばん星
明日《あした》も晴れるかな

パプリカ　花が咲いたら
晴れた空に種を蒔《ま》こう
ハレルヤ　夢を描《えが》いたなら
心遊ばせあなたにとどけ

雨に燻《くゆ》り　月は陰《かげ》り
木陰《こかげ》で泣いてたのは誰
一人一人　慰《なぐさ》めるように
誰かが呼んでいる

喜びを数えたら　あなたでいっぱい
帰り道を照らしたのは
思い出のかげぼうし

パプリカ　花が咲いたら
晴れた空に種を蒔《ま》こう
ハレルヤ　夢を描《えが》いたなら
心遊ばせあなたにとどけ

会いに行くよ　並木を抜けて
歌を歌って
手にはいっぱいの　花を抱えて
らるらりら

パプリカ　花が咲いたら
晴れた空に種を蒔《ま》こう
ハレルヤ　夢を描《えが》いたなら
心遊ばせあなたにとどけ
かかと弾ませこの指とまれ

合唱と吹奏楽

パプリカ

米津玄師　作曲
郷間幹男　編曲

11
mf
B
だれかがよんでいる なつがくるかげがたつ
こびをかぞえたら
mf
だれかがよんでいる なつがくるかげがたつ
こびをかぞえたら
E♭ F B♭ Gm Dm E♭ B♭
mp
15
あなたにあいたいみつけたのはいちばんぼしAh
あなたでいっぱいかえりみちをてらしたのはお
あなたにあいたいみつけたのはいちばんぼしAh
あなたでいっぱいかえりみちをてらしたのはお
E♭ F F7/E♭ D7 Gm Dm E♭ F B♭
19
f
C
あしたもはれるかな パプリーーカはながーさいた
もいでのかげぼうし
f
あしたもはれるかな パプリーーカはながさいたーら
もいでのかげぼうし
Cm7/E♭ D7 G C D Em7 Em7/D
mf

23
ら　そらにたね　をまこう　ハレルーーヤ　ゆめをえがいたなら
はれたそらにたね　をまこう　ハレルーーヤ　ゆめをえがいたなら
C　G　B7　Em　Em7/D　C　D　G　GM7/F♯
27
to Φ　1.
mf　D
こころあそばせ　あなたにとどけ　あめにくゆりつ
こころあそばせ　あなたにとどけ　あめにくゆりつ
Em7　A　to Φ　1.　C　D7　G　Opt. 8va　D　B♭　F/A
mp
31
きはかげり　こかげでな　いて　たのはだれ　ひとり　ひとりなぐ
きはかげり　こかげでな　いて　たのはだれ　ひとり　ひとりなぐ
Gm　F　E♭　F　B♭　F/A

35
2.
さめるように
だれかがよんでいる
よろ
あなたにとどけ
さめるように
だれかがよんでいる
よろ
あなたにとどけ
Gm F E♭ F B♭
2. C D7 G
39
mf
E
(V)
あいにゆくよな
みきをぬけて
うたをうたっ
mf
うたをうたっ
Opt. 8va
f
E C
Opt.
D7 Em C D
mp
44
て
らるらり
て
(V)
てにはいっぱいの
はなをかかえて
らるらり
Em7 C D7 Em C D

48
F
(V)
ら あいにゆくよな みきをぬけて うたをうたっ
ら あいにゆくよな みきをぬけて うたをうたっ
G
F C D7 Em Em7/D C D7
mf
mp
52
(V)
て てにはいっぱいの はなをかかえて らるらり
て てにはいっぱいの はなをかかえて らるらり
Em7 C D7 Em C D
56
f
ら パプ
ら パプ
D.S.
G
mf
D.S.
Coda
あなたにとどけ かかとはずませ このゆびとまれ
あなたにとどけ かかとはずませ このゆびとまれ
Coda
C D7 G Em7 A C D G
mp

Flute
(Piccolo)

合唱と吹奏楽

パプリカ

米津玄師　作曲
郷間幹男　編曲

WindsScore
Spielen Musik.

合唱と吹奏楽

パプリカ

米津玄師 作曲
郷間幹男 編曲

Bassoon

WindsScore
Spielen Musik.

合唱と吹奏楽

パプリカ

米津玄師　作曲
郷間幹男　編曲

B♭ Clarinet 1

Winds Score

Spielen Musik.

合唱と吹奏楽

パプリカ

米津玄師 作曲

郷間幹男 編曲

B♭ Clarinet 2

合唱と吹奏楽

パプリカ

米津玄師 作曲
郷間幹男 編曲

B♭ Clarinet 3

合唱と吹奏楽

パプリカ

米津玄師 作曲
郷間幹男 編曲

WindsScore
Spielen Musik.

合唱と吹奏楽

パプリカ

米津玄師 作曲
郷間幹男 編曲

Alto Saxophone 1

合唱と吹奏楽

パプリカ

米津玄師 作曲
郷間幹男 編曲

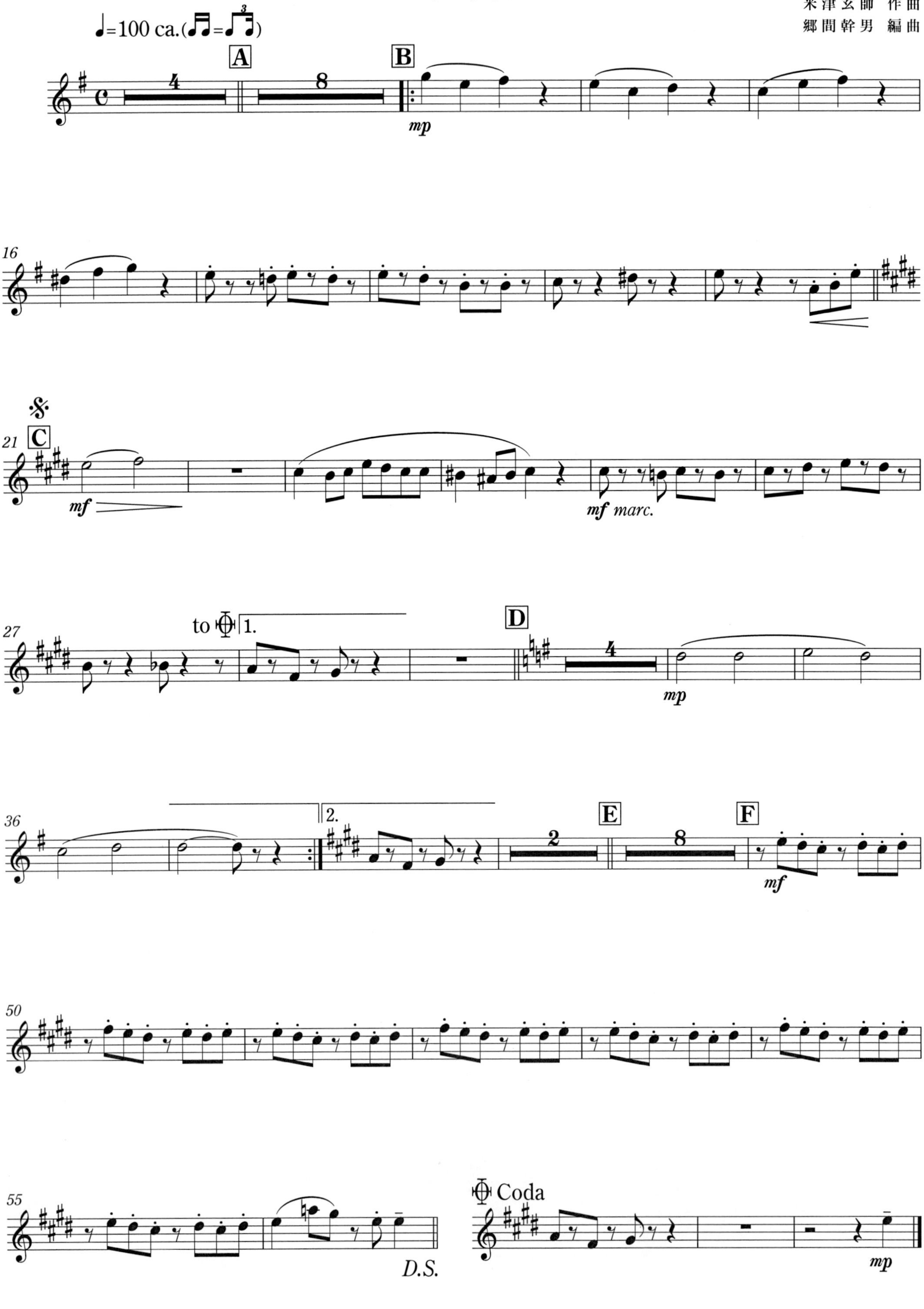

合唱と吹奏楽

パプリカ

米津玄師 作曲
郷間幹男 編曲

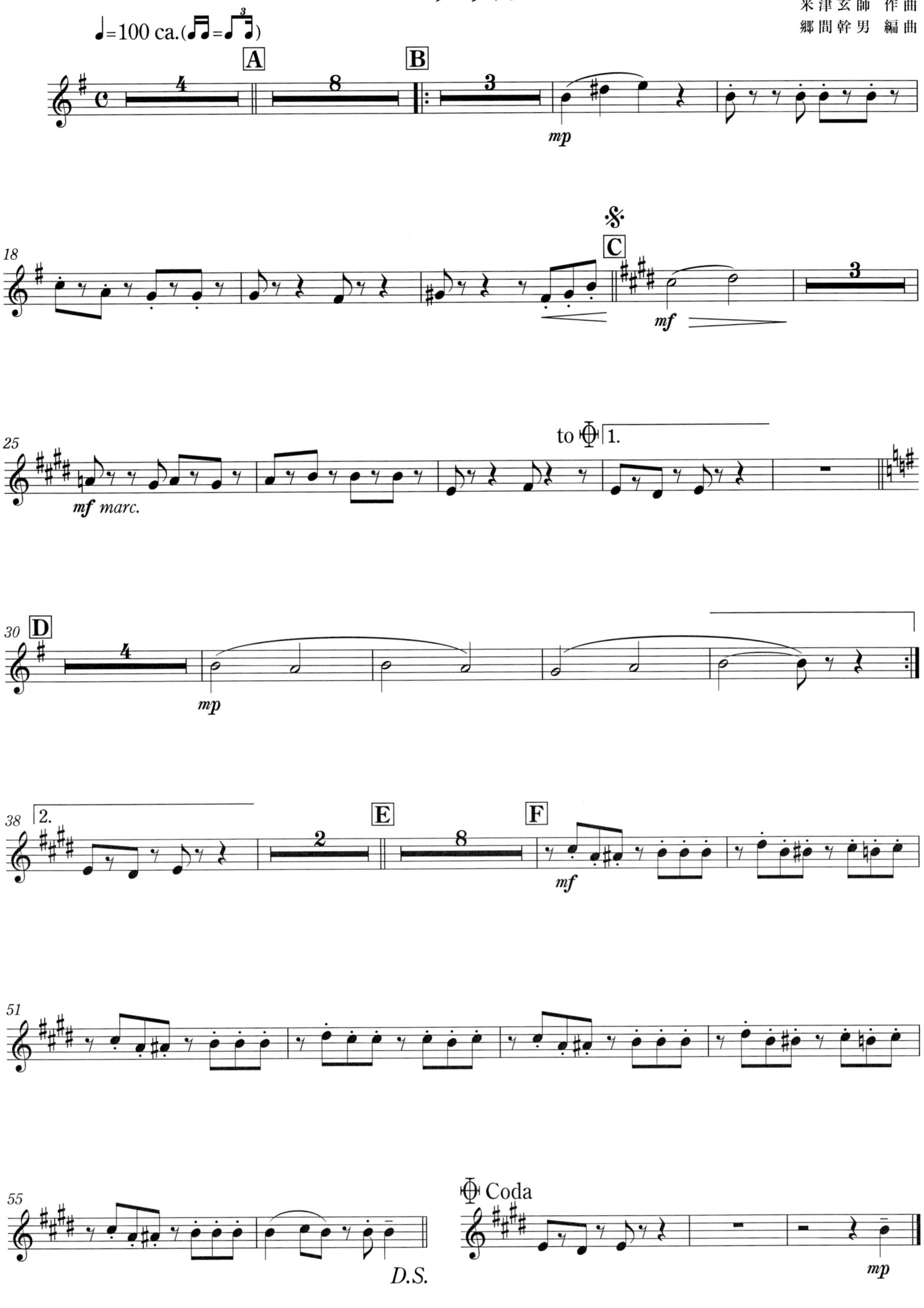

Tenor Saxophone

WindsScore

合唱と吹奏楽

パプリカ

米津玄師 作曲
郷間幹男 編曲

WindsScore
Spielen Musik.

合唱と吹奏楽

パプリカ

米津玄師 作曲
郷間幹男 編曲

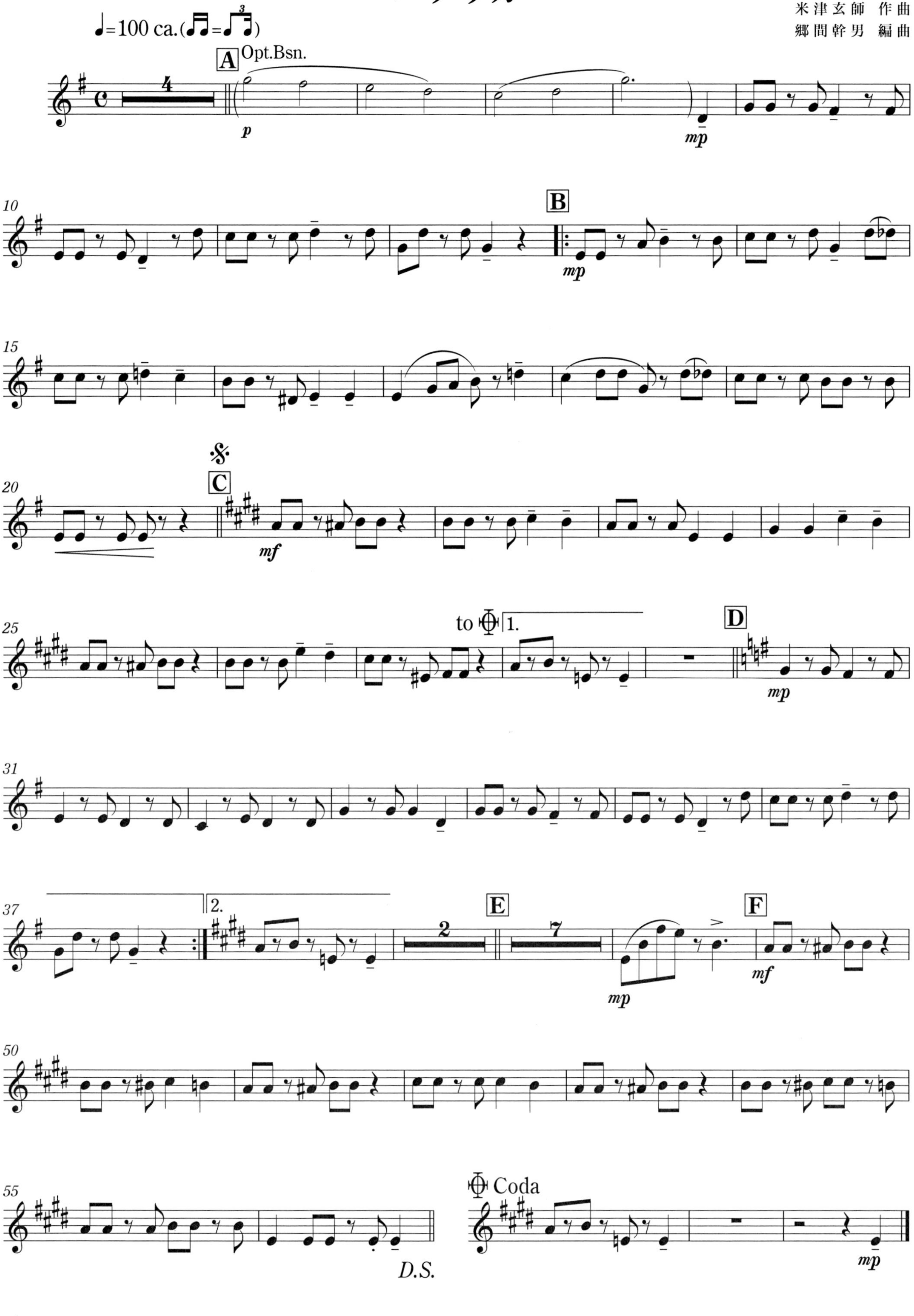

B♭ Trumpet 1

WindsScore Spielen Musik.

合唱と吹奏楽

パプリカ

米津玄師 作曲
郷間幹男 編曲

合唱と吹奏楽

パプリカ

米津玄師　作曲
郷間幹男　編曲

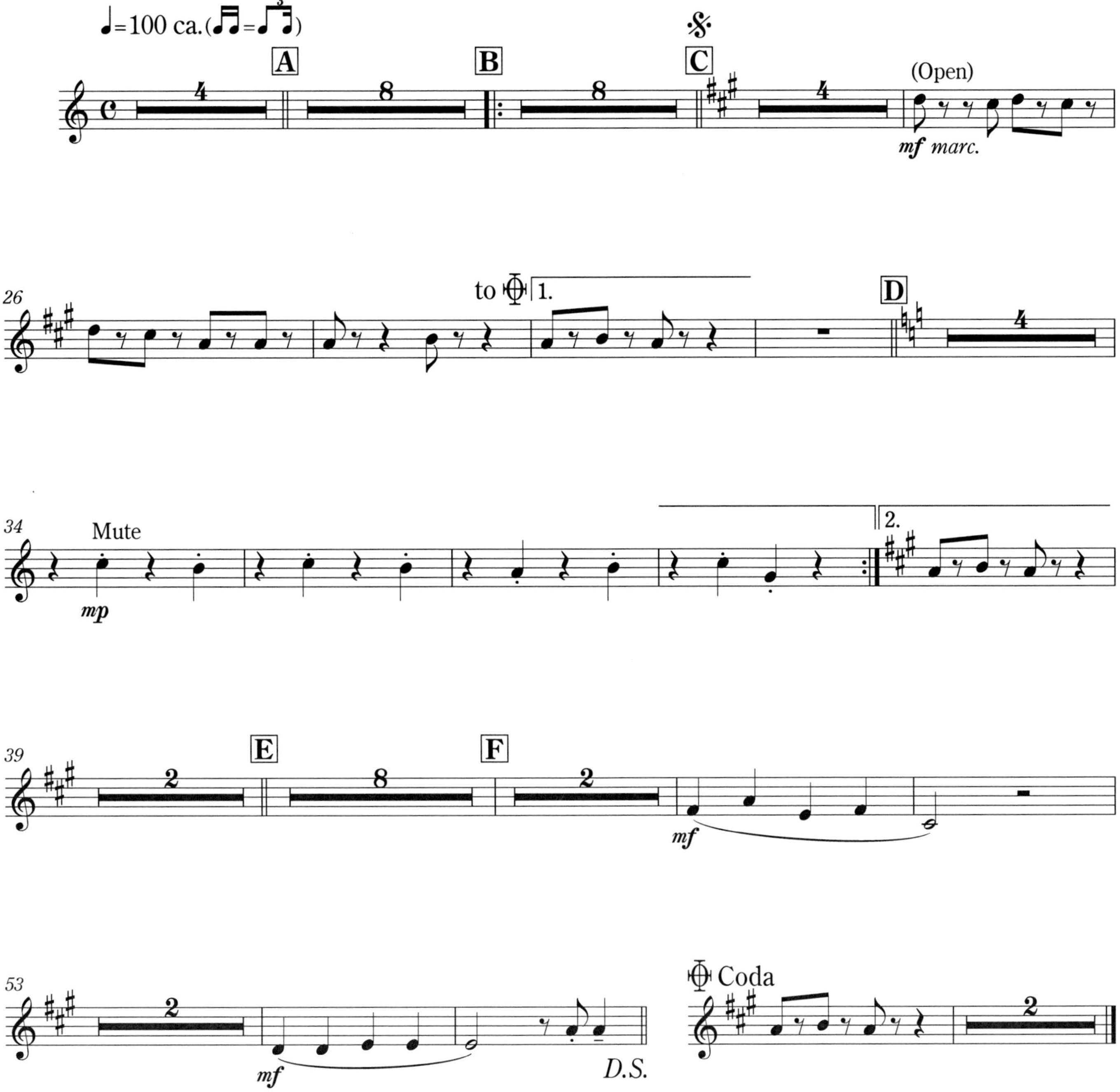

WindsScore
Spielen Musik.

合唱と吹奏楽

パプリカ

米津玄師 作曲
郷間幹男 編曲

合唱と吹奏楽

パプリカ

米津玄師　作曲
郷間幹男　編曲

合唱と吹奏楽

パプリカ

米津玄師 作曲
郷間幹男 編曲

合唱と吹奏楽

パプリカ

米津玄師 作曲
郷間幹男 編曲

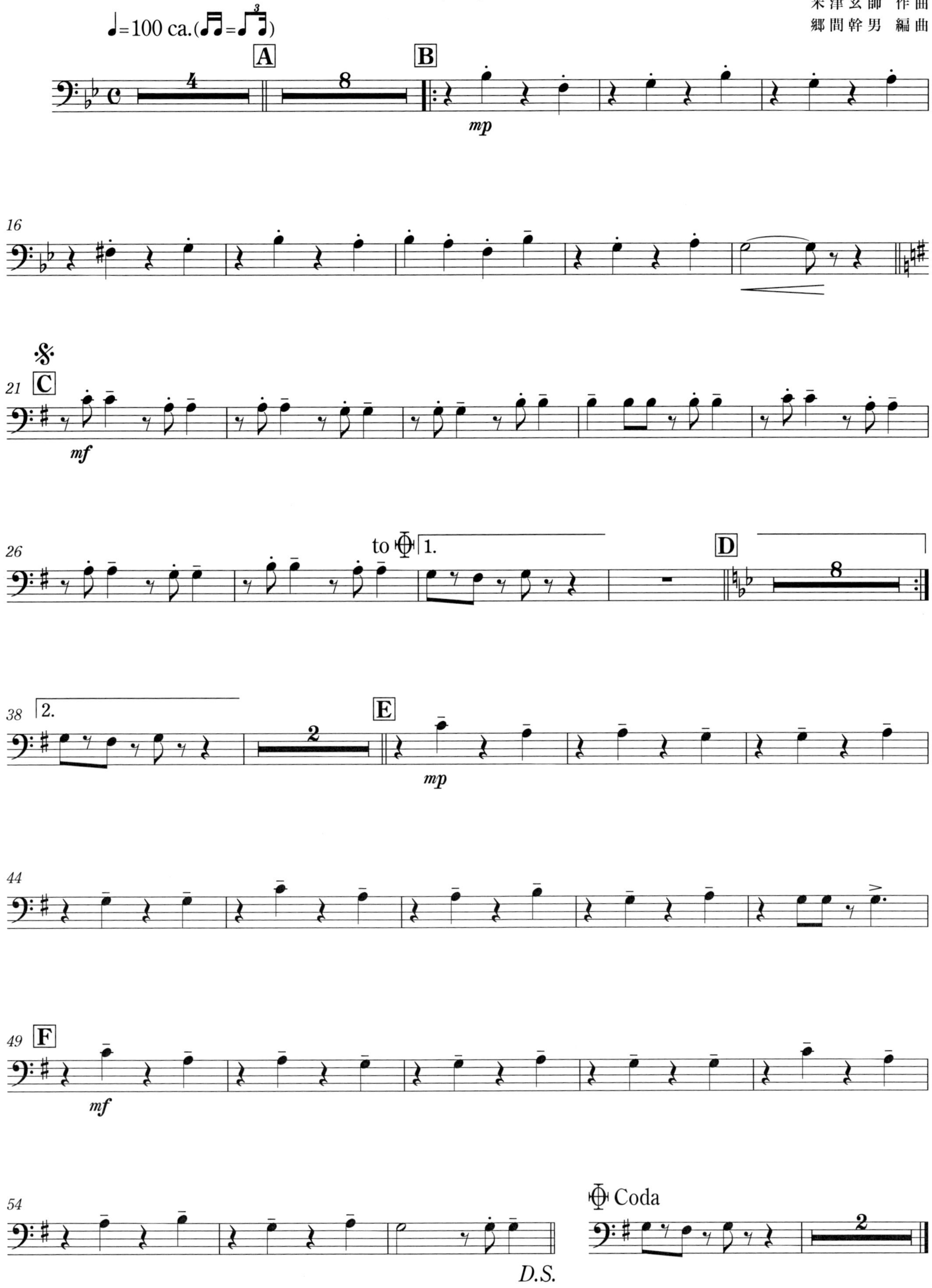

Euphonium

合唱と吹奏楽

パプリカ

米津玄師 作曲
郷間幹男 編曲

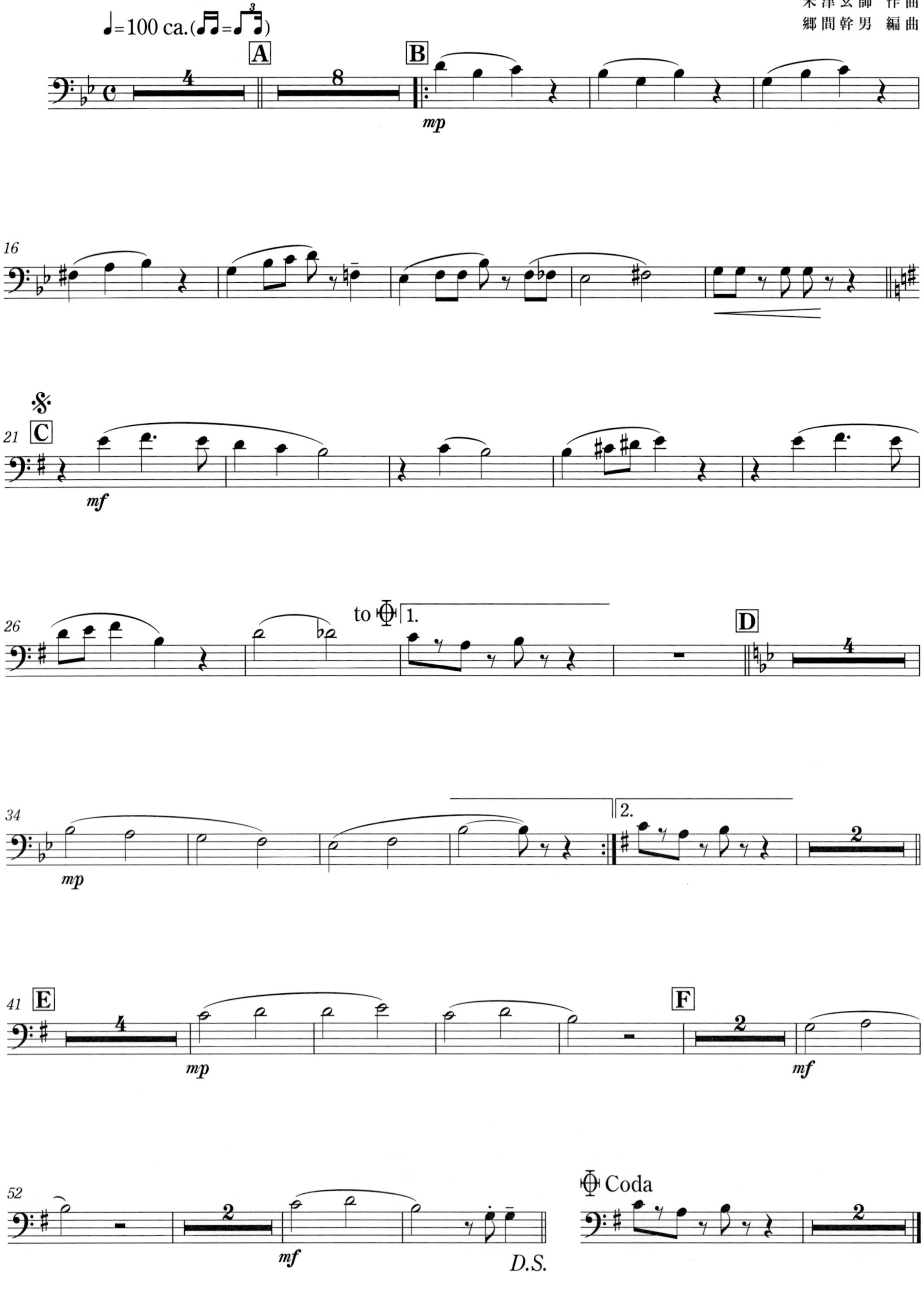

合唱と吹奏楽

パプリカ

米津玄師 作曲
郷間幹男 編曲

Electric Bass

合唱と吹奏楽

パプリカ

米津玄師　作曲
郷間幹男　編曲

合唱と吹奏楽

パプリカ

米津玄師　作曲
郷間幹男　編曲

Drums

合唱と吹奏楽

パプリカ

米津玄師　作曲
郷間幹男　編曲

合唱と吹奏楽

パプリカ

米津玄師 作曲
郷間幹男 編曲

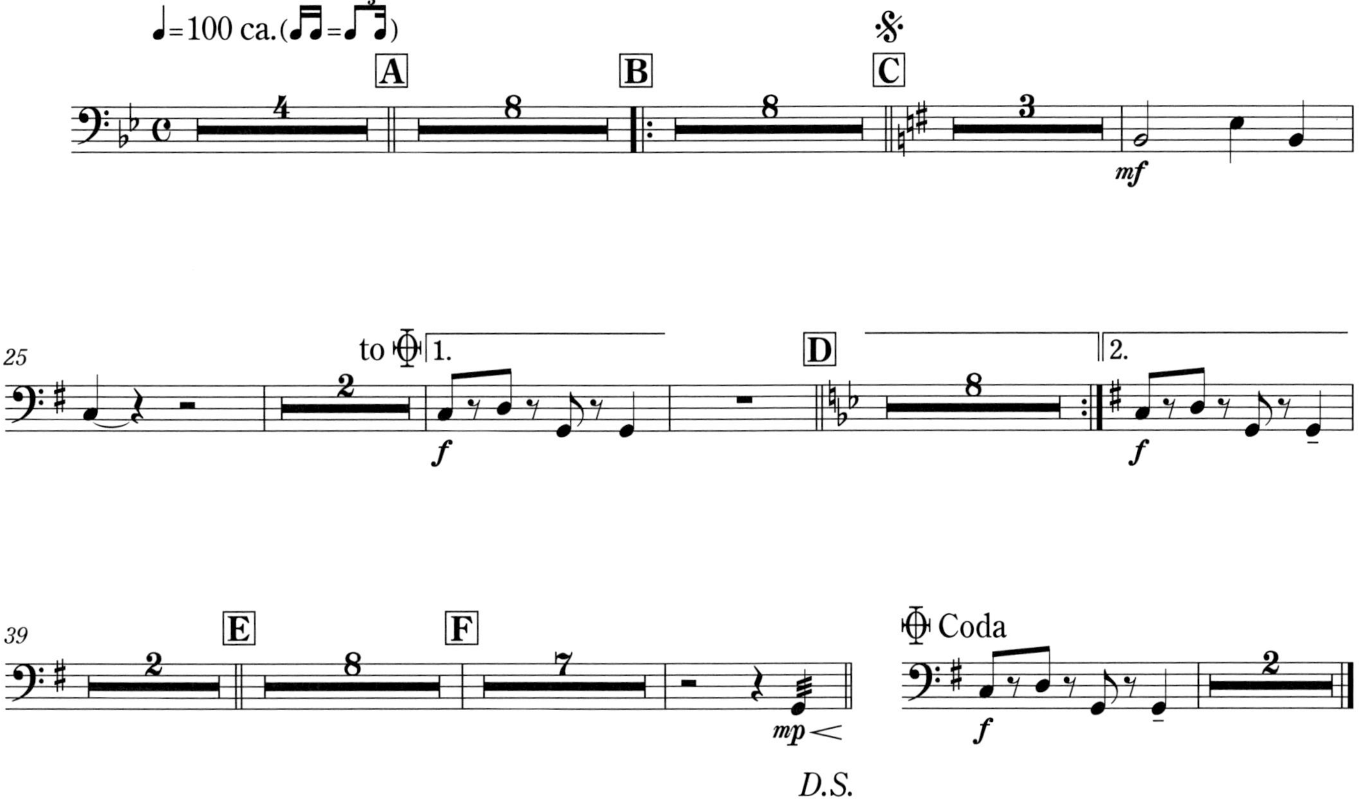

Percussion 1
Wind Chime, Shaker, Cabasa

合唱と吹奏楽

パプリカ

米津玄師 作曲
郷間幹男 編曲

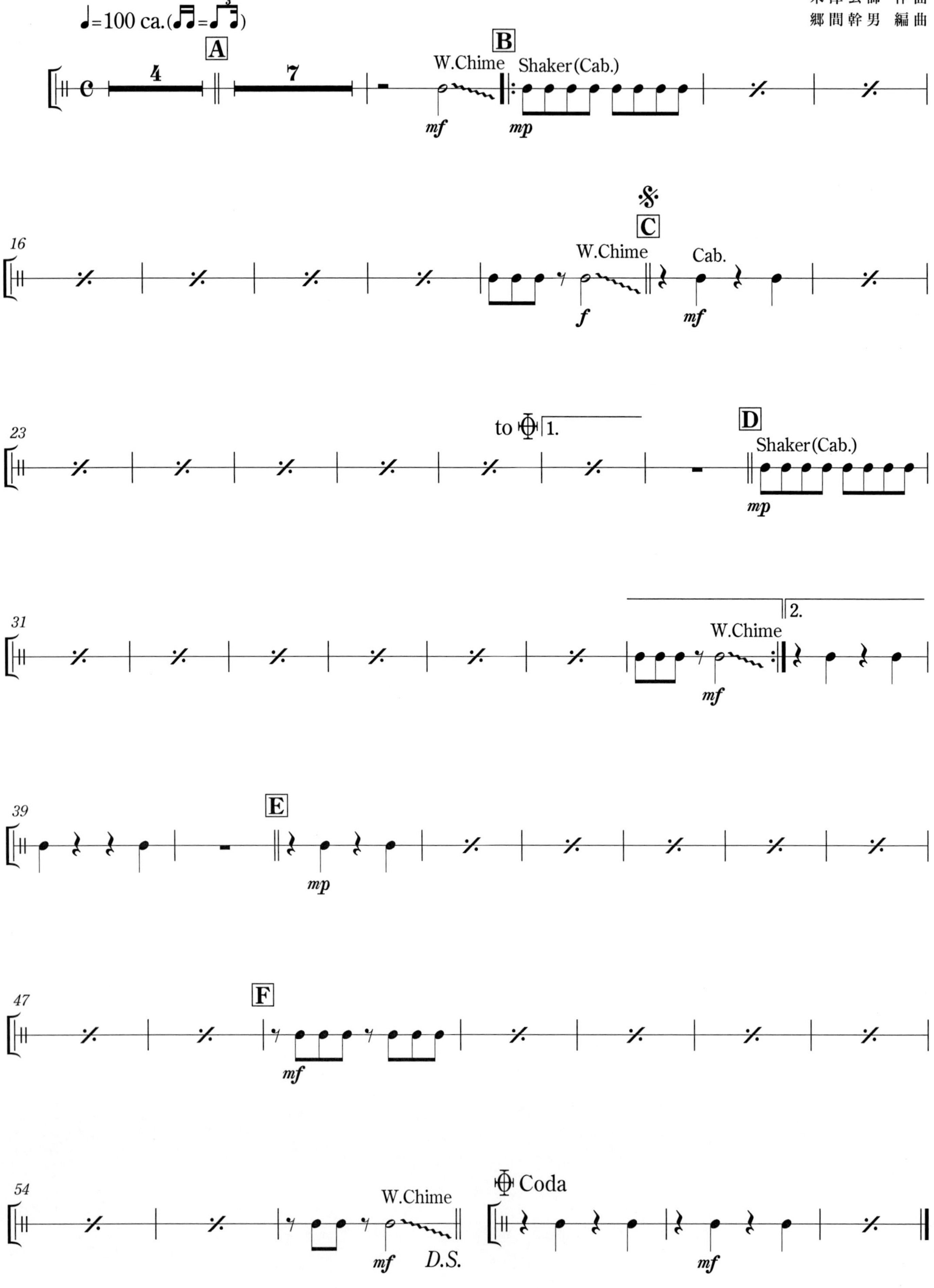

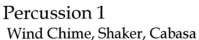

Percussion 2

Glockenspiel, Xylophone, Wind Chime

Winds Score
Spielen Musik.

合唱と吹奏楽

パプリカ

米津玄師　作曲

郷間幹男　編曲

♩=100 ca.(♫=♩♪ triplet)

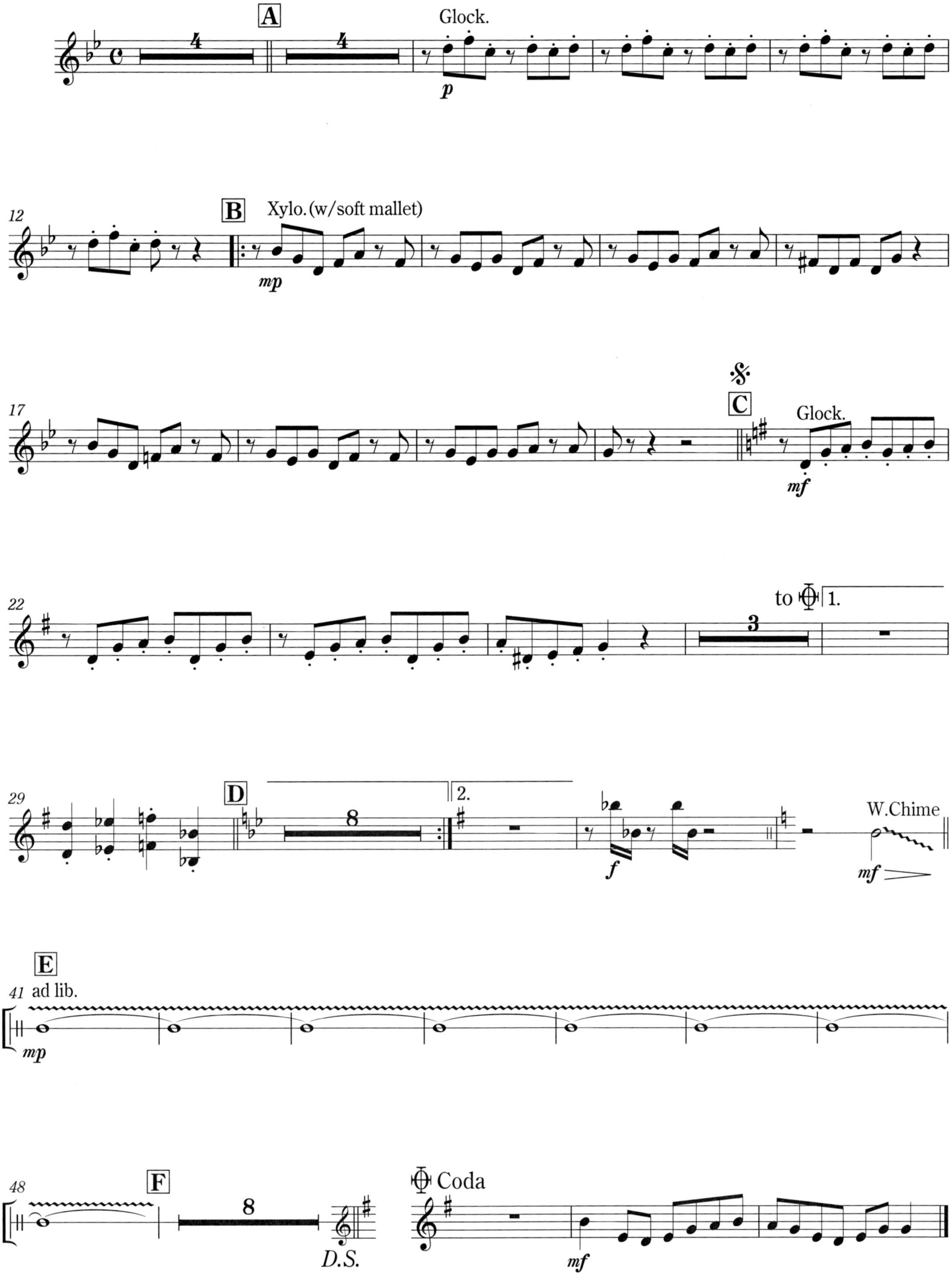

MEMO